おんぷ	なまえ	ながさ
♩	4ぶおんぷ	1ぱく 
1ぱくは 1つぶんの ながさです。		

1. ただしい 4ぶおんぷを ◯でかこみましょう。

2. □のなかに なまえ・ながさ・おんぷを かきましょう。

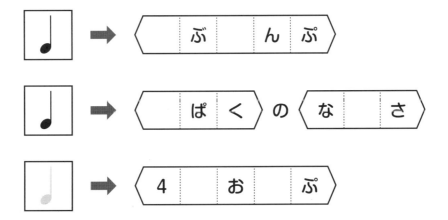

月　日

おんぷのめいろです。
ただしいこたえを　たどっていきましょう。

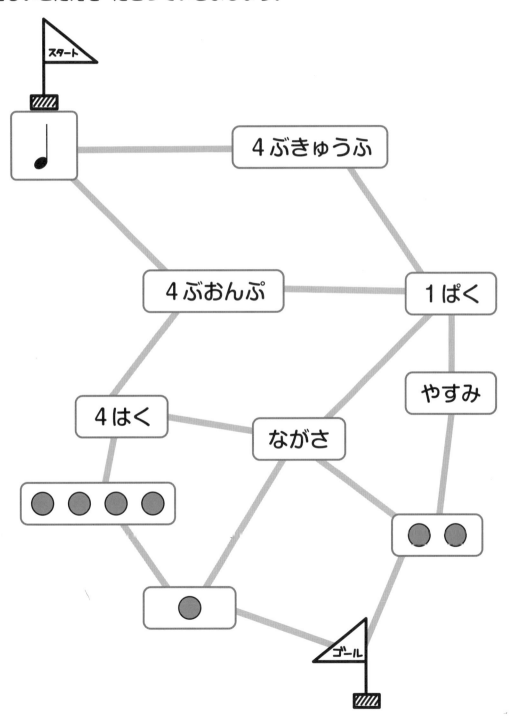

1. 4ぶおんぷを なぞりましょう。

2. ながさのぶんだけ ○をぬりましょう。

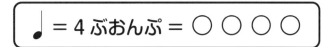

3. □におんぷ ▨にすうじを かきましょう。

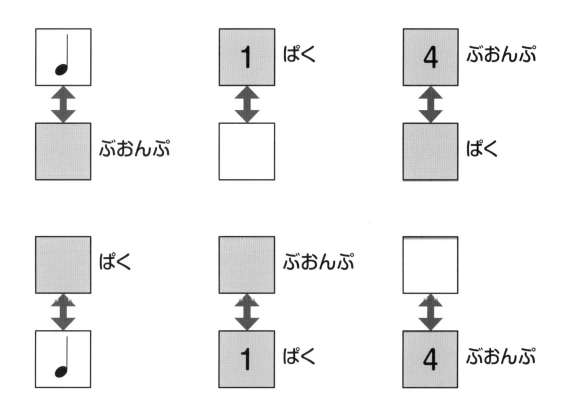

きゅうふ	なまえ	ながさ
𝄽	4ぶきゅうふ	1ぱく ●

𝄽 は 1ぱく（1つぶん）の やすみです。

1. ただしい 4ぶきゅうふを ◯でかこみましょう。

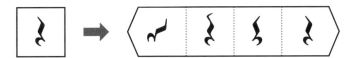

2. □のなかに なまえ・ながさ・きゅうふを かきましょう。

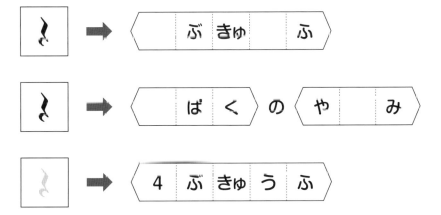

月　日

きゅうふのめいろです。
ただしいこたえを　たどっていきましょう。

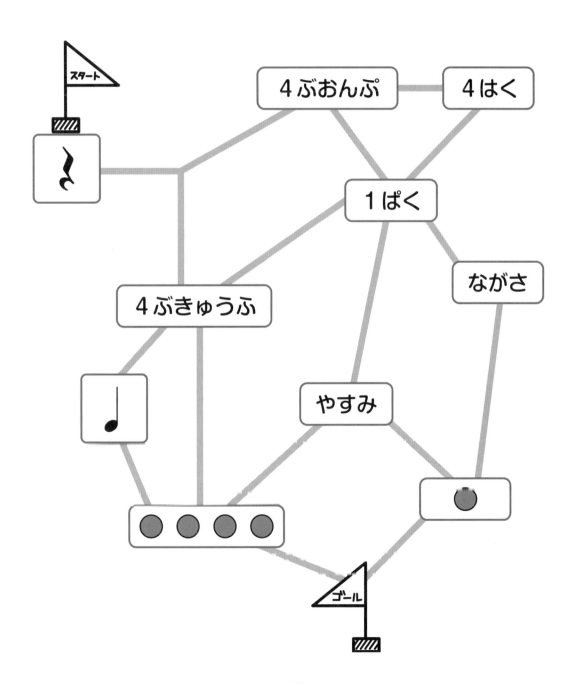

1. 4ぶきゅうふを なぞりましょう。

2. やすみのぶんだけ ○をぬりましょう。

3. ☐にきゅうふ ☐にすうじを かきましょう。

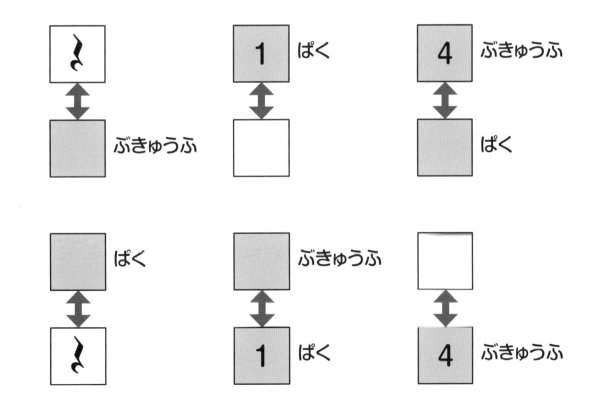

おんぷ	なまえ	ながさ	
♩	2ぶおんぷ	2はく	●●

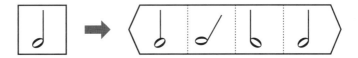

♩ は 2つぶんの ながさです。

1. ただしい 2ぶおんぷを ◯でかこみましょう。

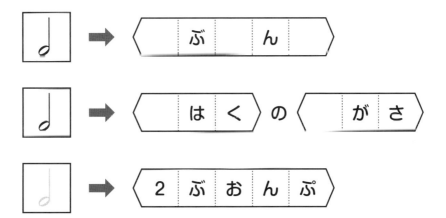

2. ☐のなかに なまえ・ながさ・おんぷを かきましょう。

♩ → ⟨　ぶ　ん⟩

♩ → ⟨　は　く⟩の⟨　が　さ⟩

☐ → ⟨2 ぶ お ん ぷ⟩

月 日

おんぷのめいろです。
ただしいこたえを たどっていきましょう。

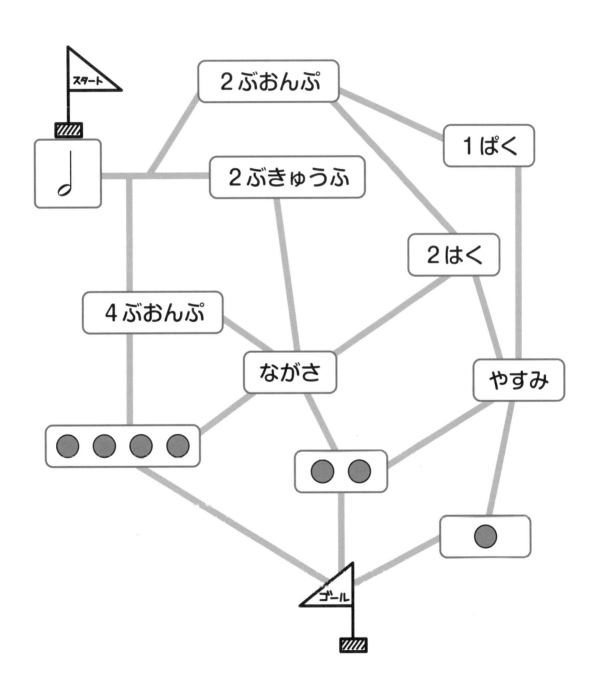

1. おんぷと おなじながさの ● を せんでむすびましょう。

2. せんをたどって ながさのぶんだけ ○をぬりましょう。

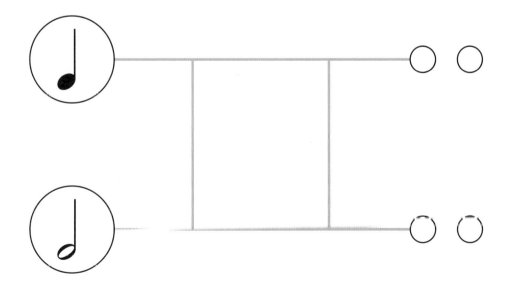

きゅうふ	なまえ	ながさ	
▬	2ぶきゅうふ	2はく	●●
▬ = 𝄽 + 𝄽			
▬ は 2つぶんの やすみです。			

1. ただしい 2ぶきゅうふを ◯でかこみましょう。

2. ☐のなかに なまえ・ながさ・きゅうふを かきましょう。

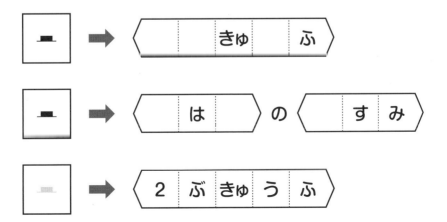

10

きゅうふのめいろです。
ただしいこたえを たどっていきましょう。

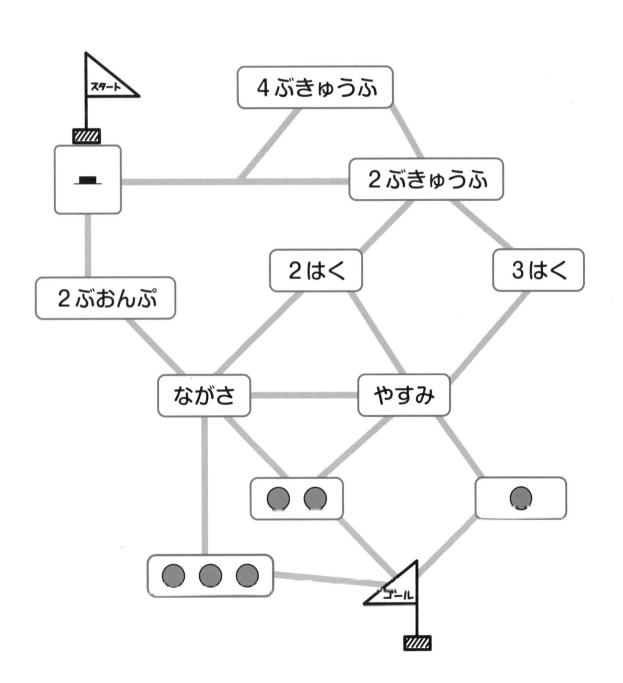

1. きゅうふと おなじながさの●を せんでむすびましょう。

2. せんをたどって ながさのぶんだけ ○をぬりましょう。

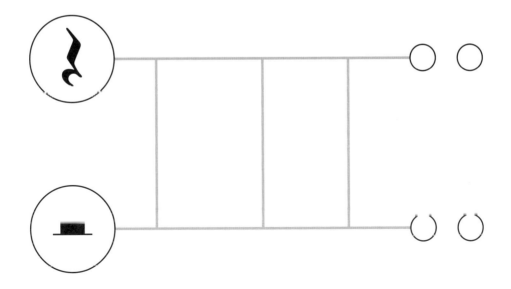

おんぷ	なまえ	ながさ	
♩.	ふてん2ぶおんぷ	3はく	●●●

♩. は 3つぶんの ながさです。

1. ただしい ふてん2ぶおんぷを ◯でかこみましょう。

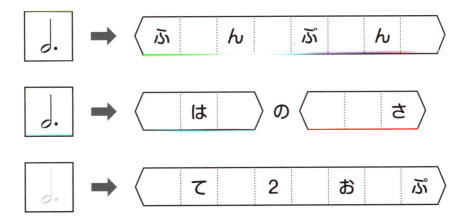

2. □のなかに なまえ・ながさ・おんぷを かきましょう。

月 日

おんぷのめいろです。
ただしいこたえを たどっていきましょう。

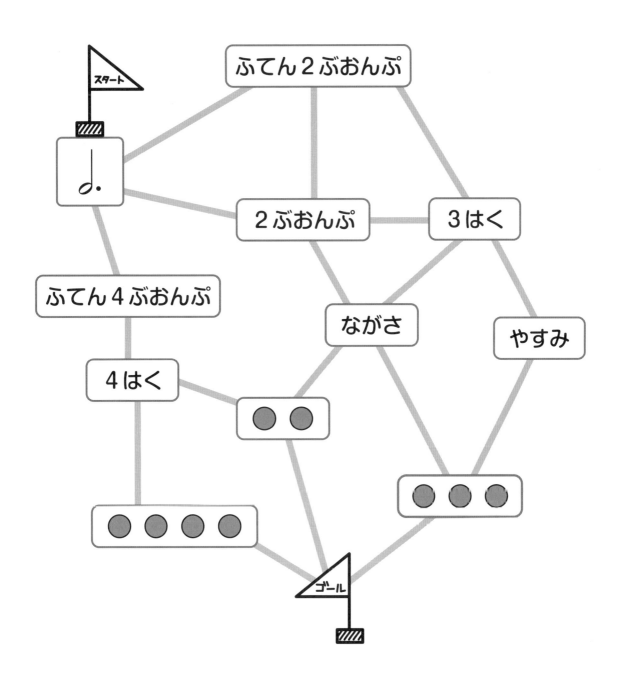

1. おんぷと おなじながさの ● を せんでむすびましょう。

2. せんをたどって ながさのぶんだけ ○をぬりましょう。

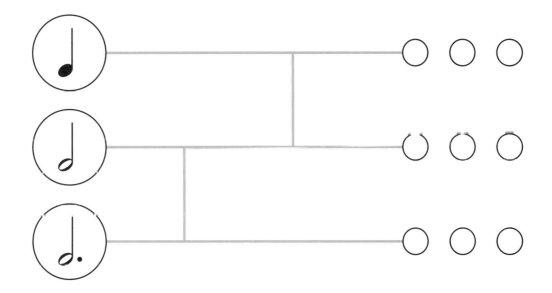

おんぷ	なまえ	ながさ
o	ぜんおんぷ	4はく ●●●●

o は 4つぶんの ながさです。

1. ただしい ぜんおんぷを ○でかこみましょう。

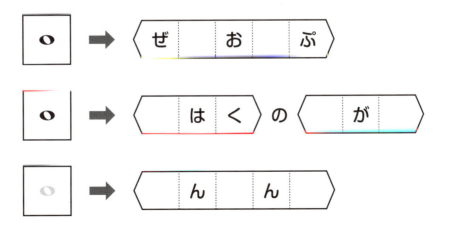

2. □のなかに なまえ・ながさ・おんぷを かきましょう。

o → 〈 ぜ │ お │ ぷ 〉

o → 〈 │ は │ く 〉の〈 │ が │ 〉

o → 〈 │ ん │ ん 〉

おんぷのめいろです。
ただしいこたえを たどっていきましょう。

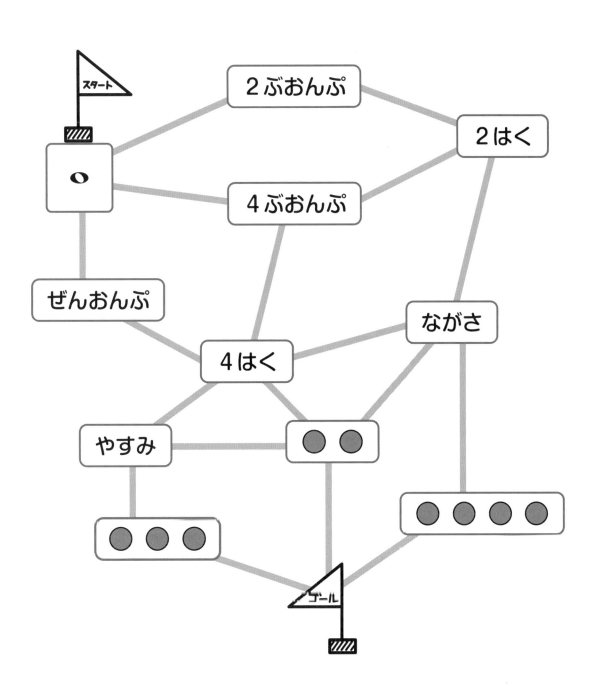

1. おんぷと おなじながさの ●を せんでむすびましょう。

2. せんをたどって ながさのぶんだけ ○をぬりましょう。

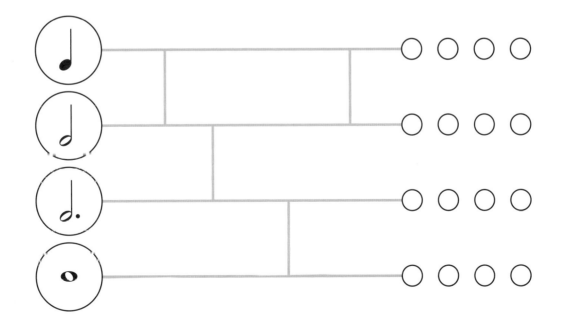

きゅうふ	なまえ	ながさ	
━	ぜんきゅうふ	4はく	●●●●

━ = 𝄽 + 𝄽 + 𝄽 + 𝄽

━ は 4つぶんの やすみです。

1. ただしい ぜんきゅうふを ○でかこみましょう。

2. □のなかに なまえ・ながさ・きゅうふを かきましょう。

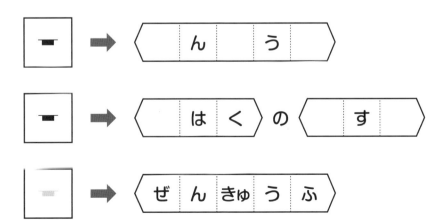

きゅうふのめいろです。
ただしいこたえを たどっていきましょう。

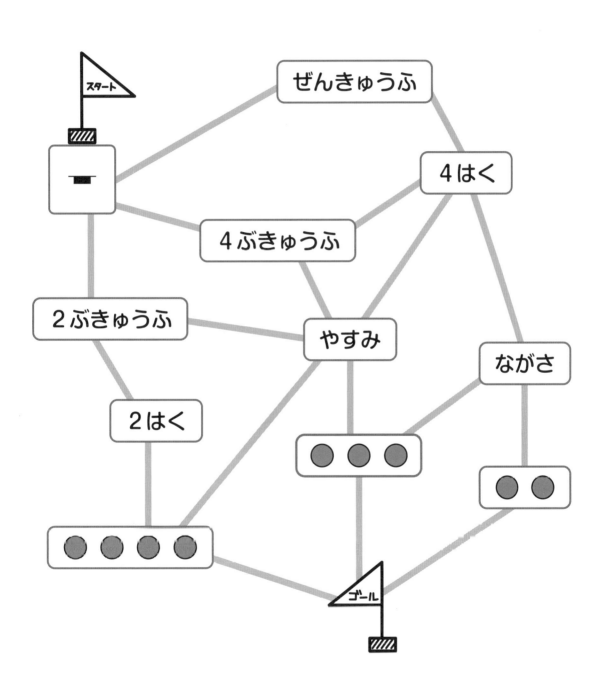

20

1. きゅうふと おなじながさの ● を せんでむすびましょう。

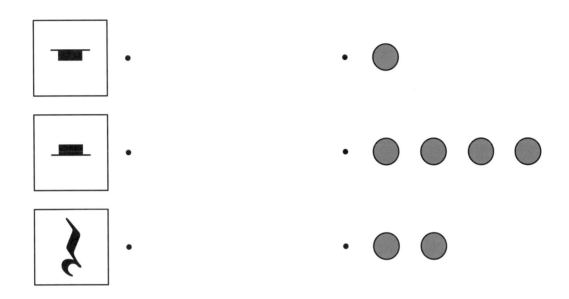

2. せんをたどって ながさのぶんだけ ○をぬりましょう。

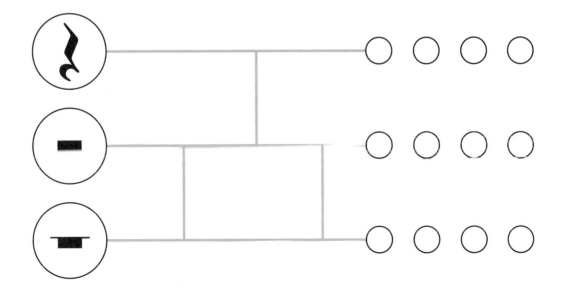

おんぷ	なまえ	ながさ	
♪	8ぶおんぷ	$\frac{1}{2}$ ぱく	◖

$\frac{1}{2}$（2ぶんの1）ぱくは 1ぱくの半ぶんの ながさです。
♪がつづくときには はたをビームという せんでつなぎます。

1. ただしい 8ぶおんぷを ◯でかこみましょう。

2. ☐のなかに なまえ・ながさ・おんぷを かきましょう。

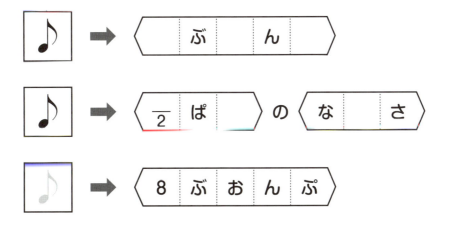

おんぷの めいろです。
ただしいこたえを たどっていきましょう。

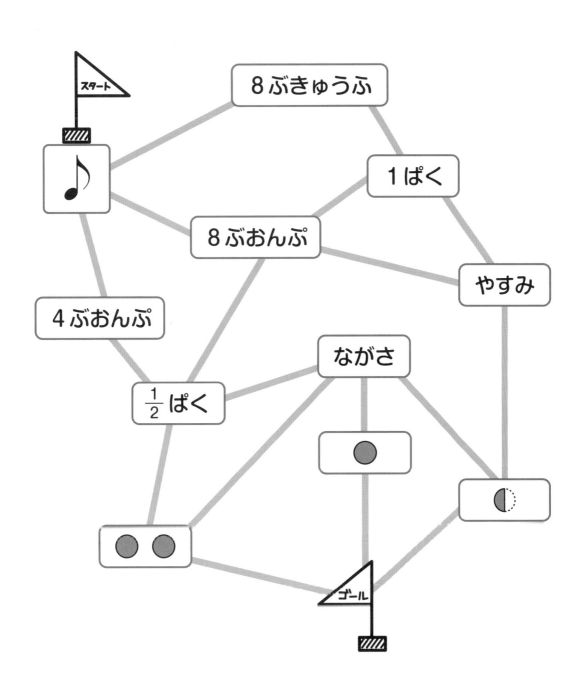

1. おんぷと おなじながさの ● を せんでむすびましょう。

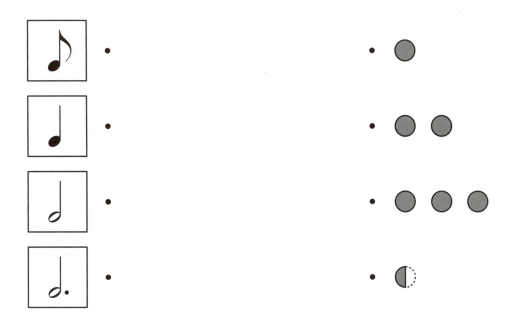

2. せんをたどって ながさのぶんだけ ○をぬりましょう。

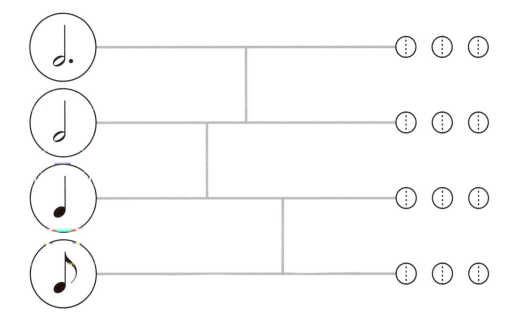

きゅうふ	なまえ	ながさ
𝄽	8ぶきゅうふ	$\frac{1}{2}$ ぱく ◐

$$𝄽 + 𝄽 = 𝄾$$

𝄽 は 𝄾 の半(はん)ぶんの やすみです。

1. ただしい 8ぶきゅうふを ○でかこみましょう。

2. ☐のなかに なまえ・ながさ・きゅうふを かきましょう。

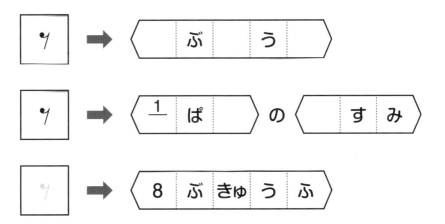

25

きゅうふの めいろです。
ただしいこたえを たどっていきましょう。

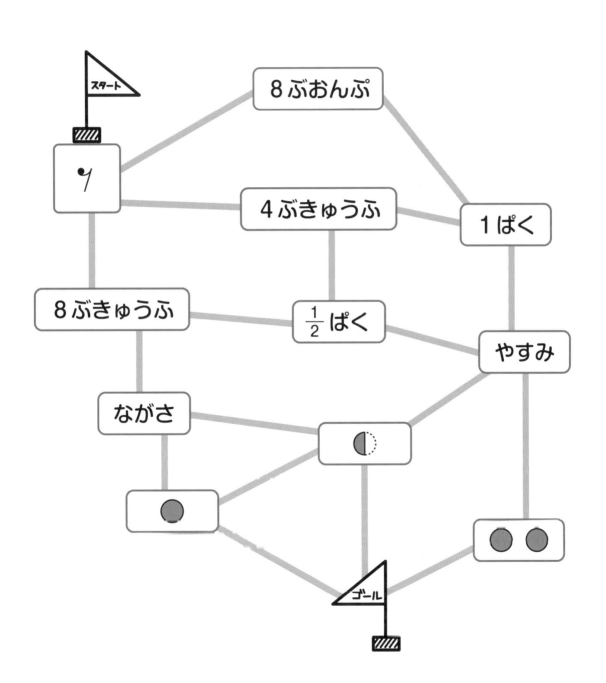

1. きゅうふと おなじながさの●を せんでむすびましょう。

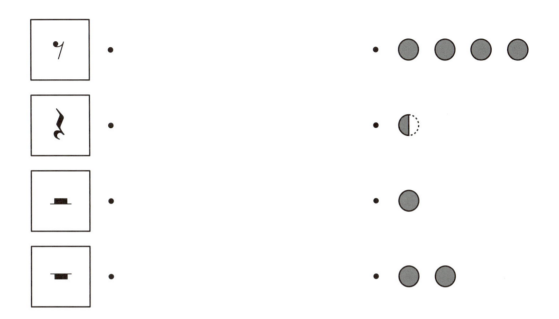

2. せんをたどって ながさのぶんだけ ○をぬりましょう。

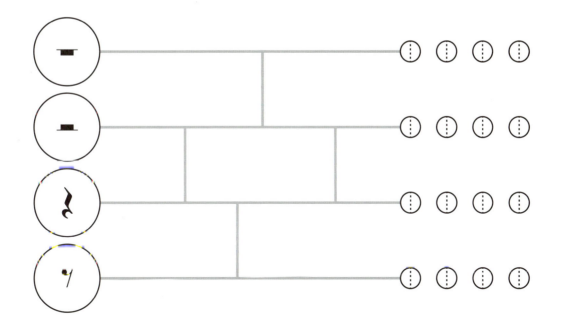

おんぷ	なまえ	ながさ	
♩.	ふてん４ぶおんぷ	$1\frac{1}{2}$ ぱく	●◐

♩. = ♩ + ♪

$1\frac{1}{2}$ (1と$\frac{1}{2}$) ぱくは 1ぱく半の ながさです。

1. ただしい ふてん４ぶおんぷを ◯でかこみましょう。

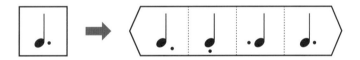

2. ☐のなかに なまえ・ながさ・おんぷを かきましょう。

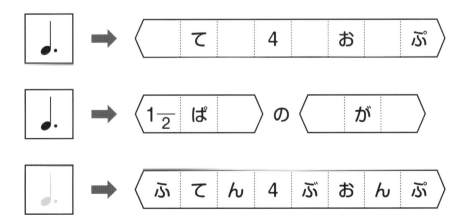

おんぷのめいろです。
ただしいこたえを たどっていきましょう。

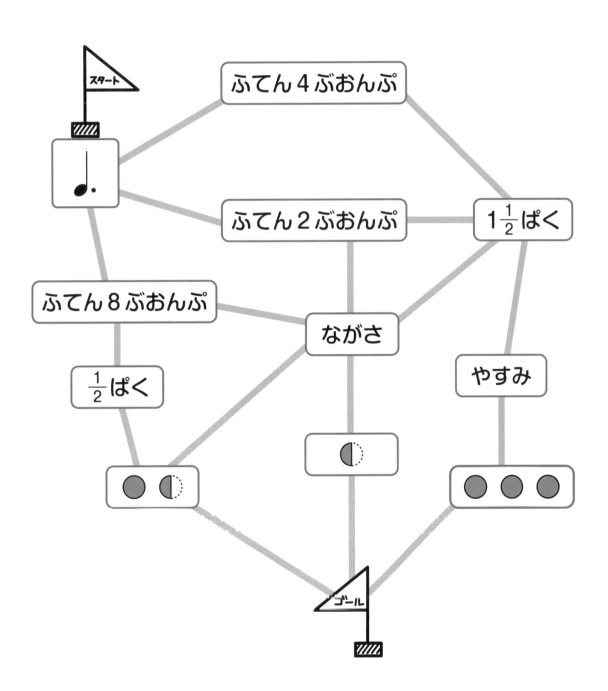

1. おんぷと おなじながさの ● を せんでむすびましょう。

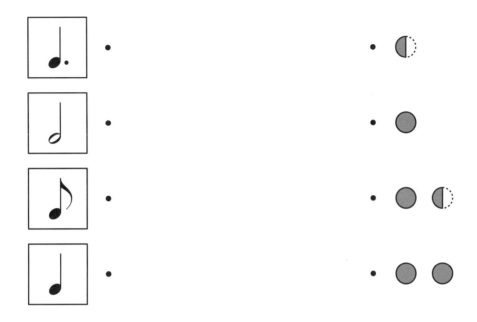

2. せんをたどって ながさのぶんだけ ○をぬりましょう。

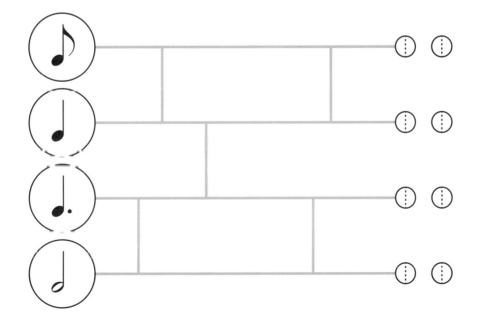

きゅうふ	なまえ	ながさ	
𝄽.	ふてん４ぶきゅうふ	$1\frac{1}{2}$ ぱく	●◐

$$𝄽. = 𝄽 + ७$$

𝄽. は １ぱく半の やすみです。

1. ただしい ふてん４ぶきゅうふを ○でかこみましょう。

2. ☐のなかに なまえ・ながさ・きゅうふを かきましょう。

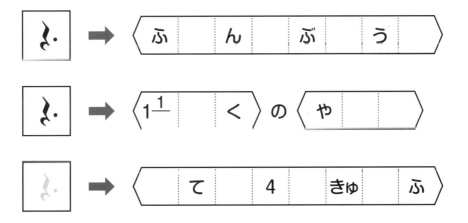

きゅうふの めいろです。
ただしいこたえを たどっていきましょう。

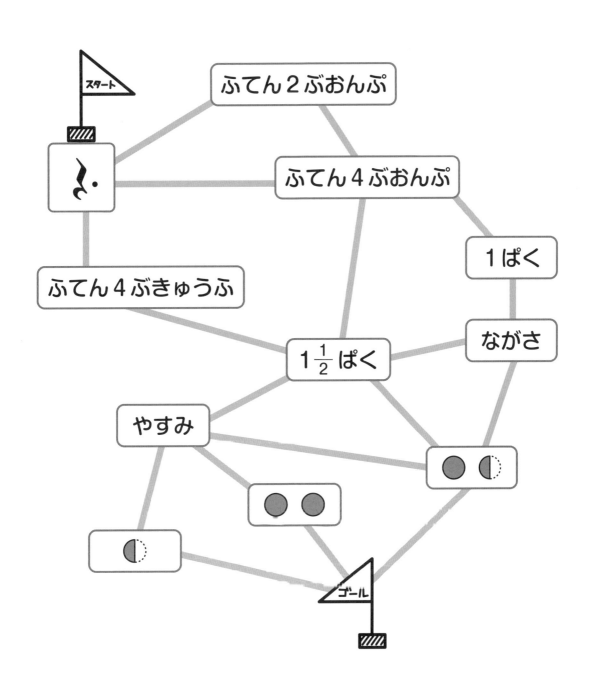

1. きゅうふと おなじながさの ● を せんでむすびましょう。

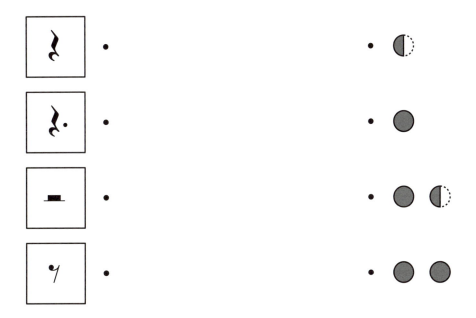

2. せんをたどって ながさのぶんだけ ○ をぬりましょう。

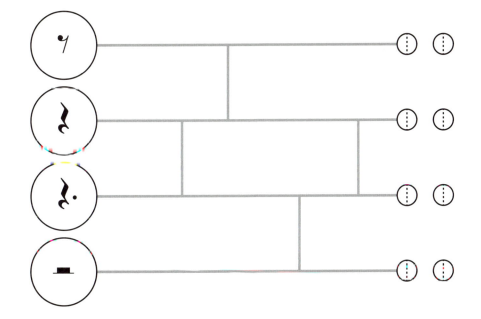

おんぷ	なまえ	ながさ
♪	16ぶおんぷ	$\frac{1}{4}$ ぱく

♪は♪の半ぶんの ながさです。
♪が4つあつまると 1ぱくになります。

1. ただしい 16ぶおんぷを ◯でかこみましょう。

2. ☐のなかに なまえ・ながさ・おんぷを かきましょう。

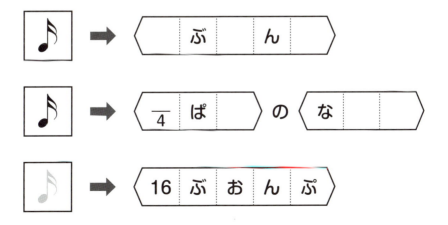

おんぷの めいろです。
ただしいこたえを たどっていきましょう。

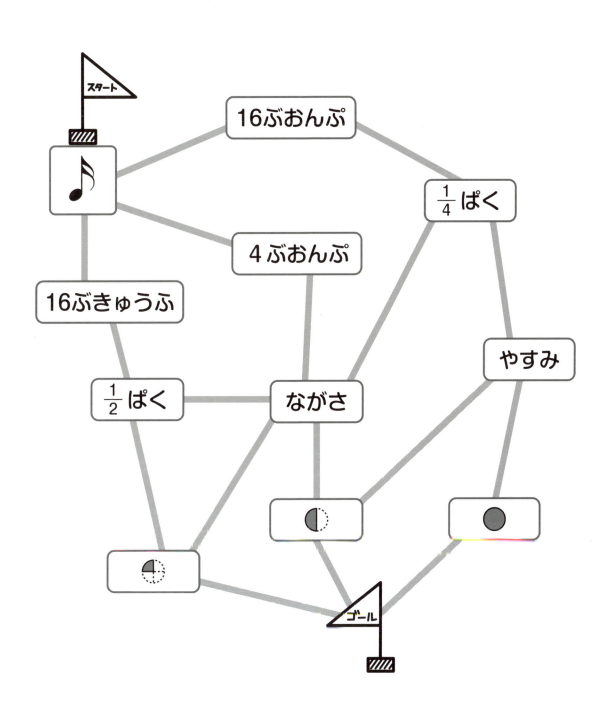

1. おんぷと おなじながさの ● を せんでむすびましょう。

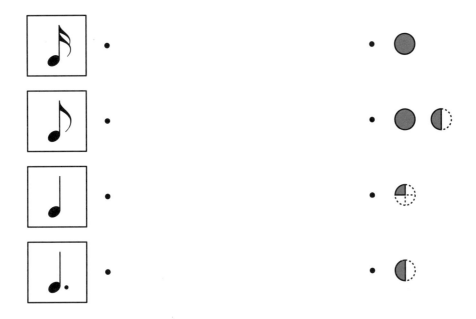

2. せんをたどって ながさのぶんだけ ○をぬりましょう。

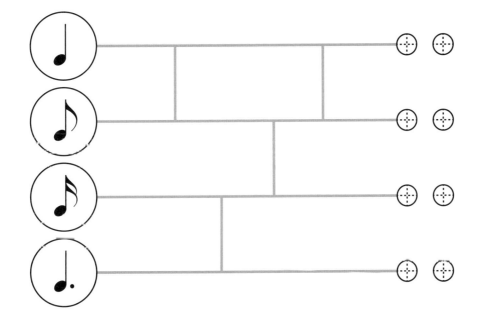

きゅうふ	なまえ	ながさ	
𝄾	16ぶきゅうふ	$\frac{1}{4}$ぱく	

𝄾 𝄾 𝄾 𝄾 = 𝄾

𝄾 は 𝄾 の半(はん)ぶんの やすみです。
𝄾 が４つあつまると　１ぱくになります。

1. ただしい　16ぶきゅうふを　◯でかこみましょう。

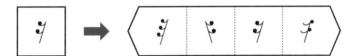

2. ☐のなかに　なまえ・ながさ・おんぷを　かきましょう。

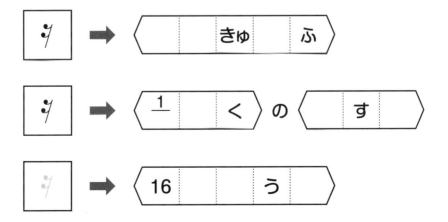

きゅうふの めいろです。
ただしいこたえを たどっていきましょう。

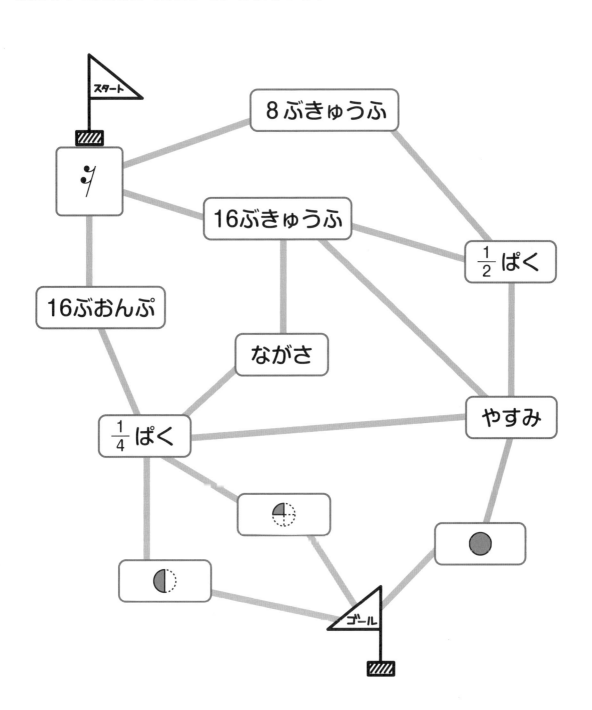

1. きゅうふと おなじながさの ● を せんでむすびましょう。

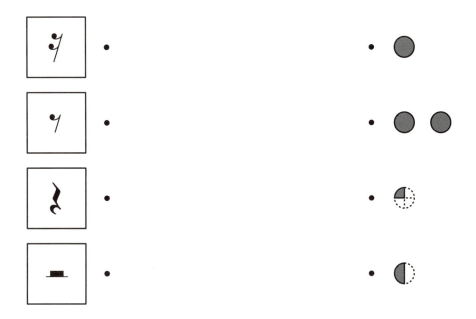

2. せんをたどって ながさのぶんだけ ○をぬりましょう。

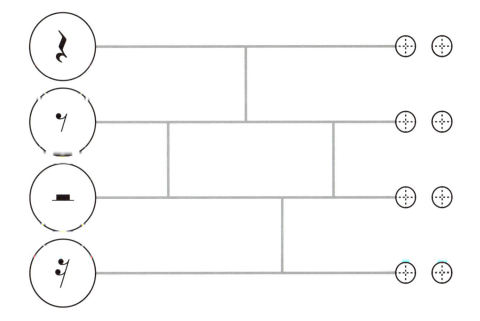

おんぷ	なまえ	ながさ
♪♪♪ 3	3れんぷ	1ぱく ●

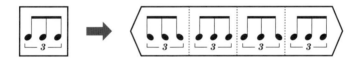

1. ただしい　3れんぷを　◯でかこみましょう。

2. □のなかに　なまえ・ながさ・おんぷを　かきましょう。

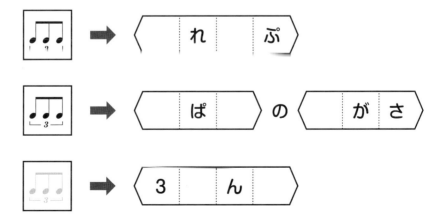

おんぷの めいろです。
ただしいこたえを たどっていきましょう。

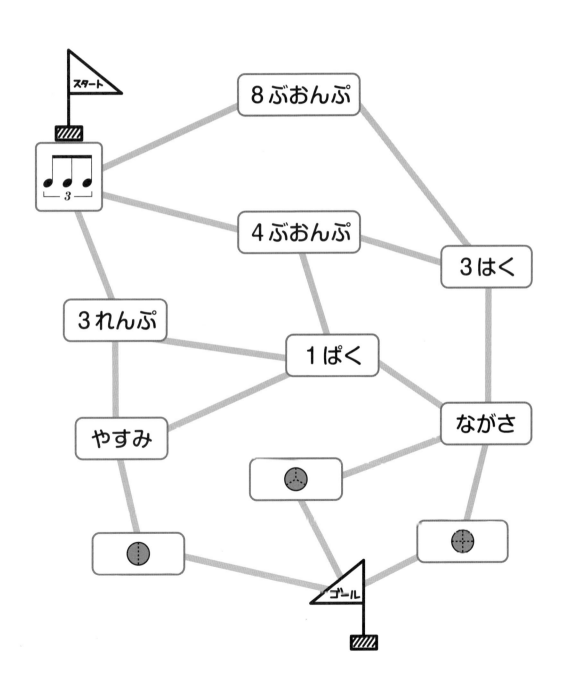

月 日

1. おんぷと おなじながさの ● を せんでむすびましょう。

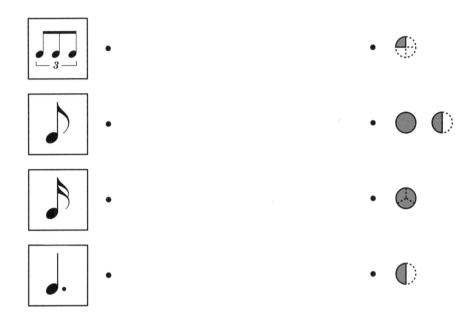

2. せんをたどって ながさのぶんだけ ○をぬりましょう。

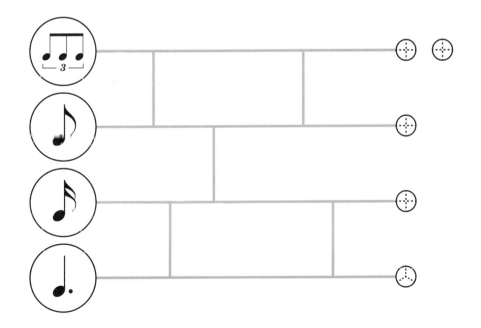

おんぷ	なまえ	ながさ	
♪.	ふてん 8 ぶおんぷ	$\frac{3}{4}$ はく	◐

♪. = ♪ + ♪

ふてん 8 ぶおんぷと 16 ぶおんぷをあわせると 1ぱくになります。

1. ただしい ふてん 8 ぶおんぷを ◯でかこみましょう。

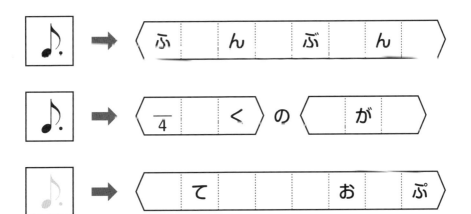

2. □のなかに なまえ・ながさ・おんぷを かきましょう。

おんぷのめいろです。
ただしいこたえを たどっていきましょう。

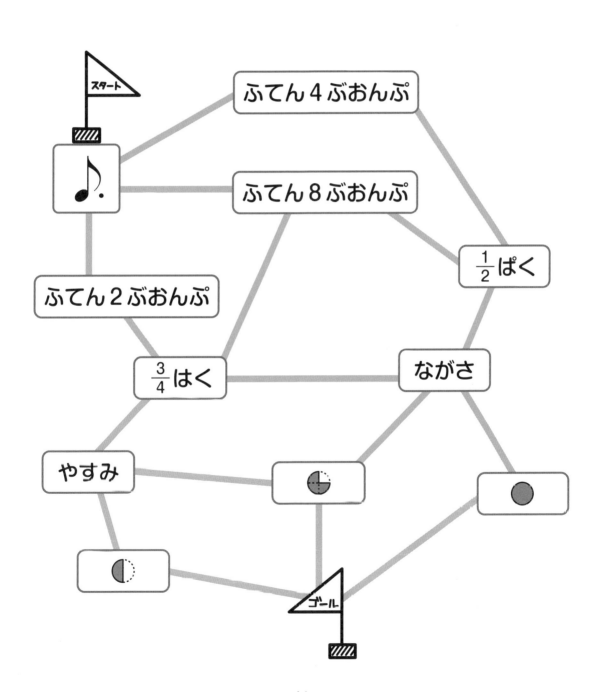

1. おんぷと おなじながさの ●を せんでむすびましょう。

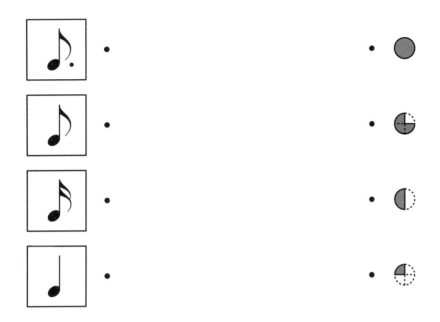

2. せんをたどって ながさのぶんだけ ○をぬりましょう。

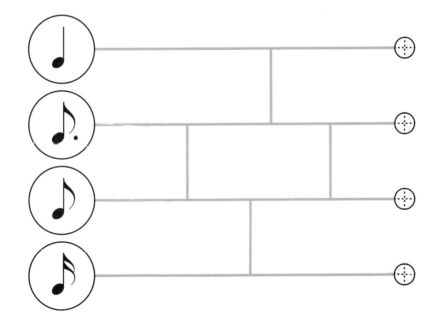

解答 プリント1〜9

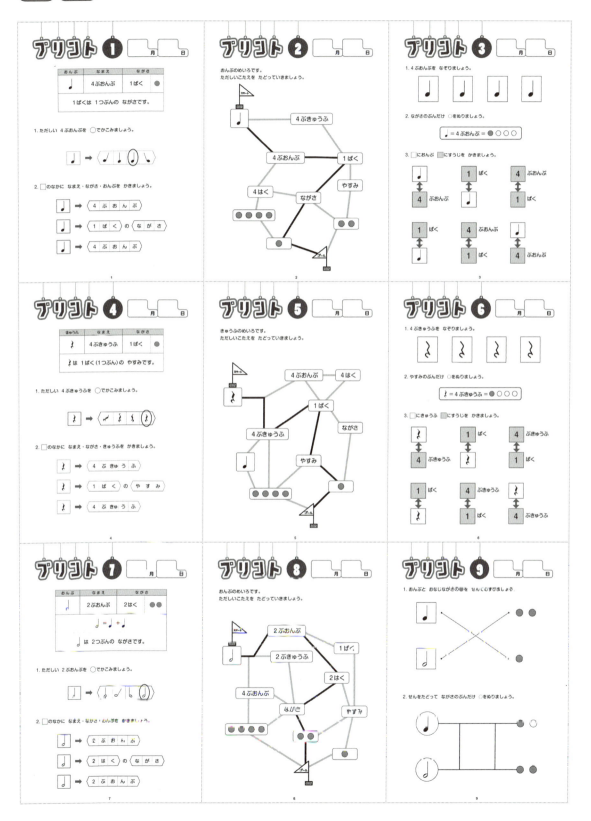

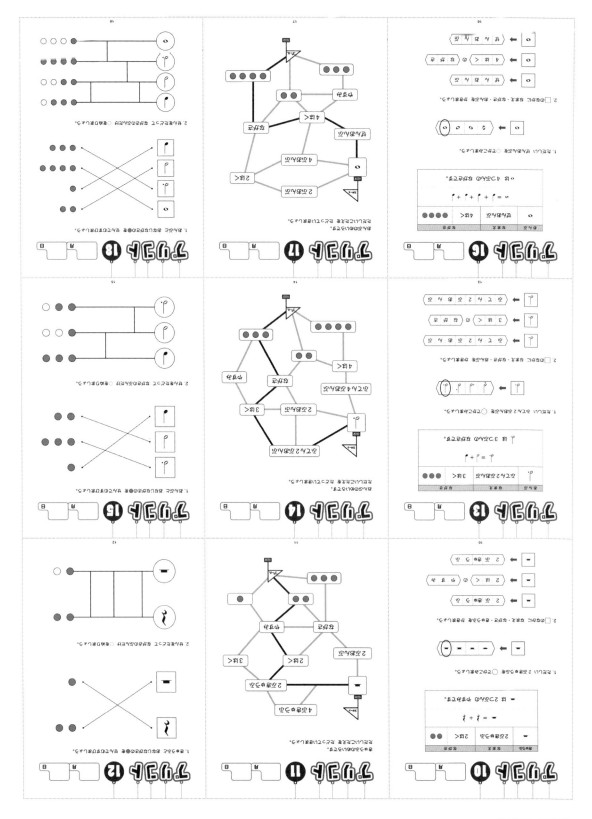

解答 プリント 19 〜 27

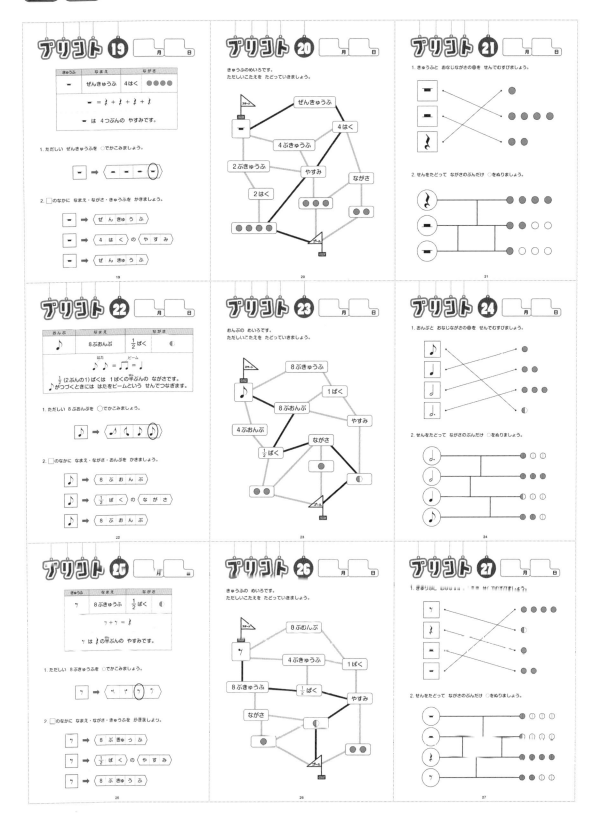

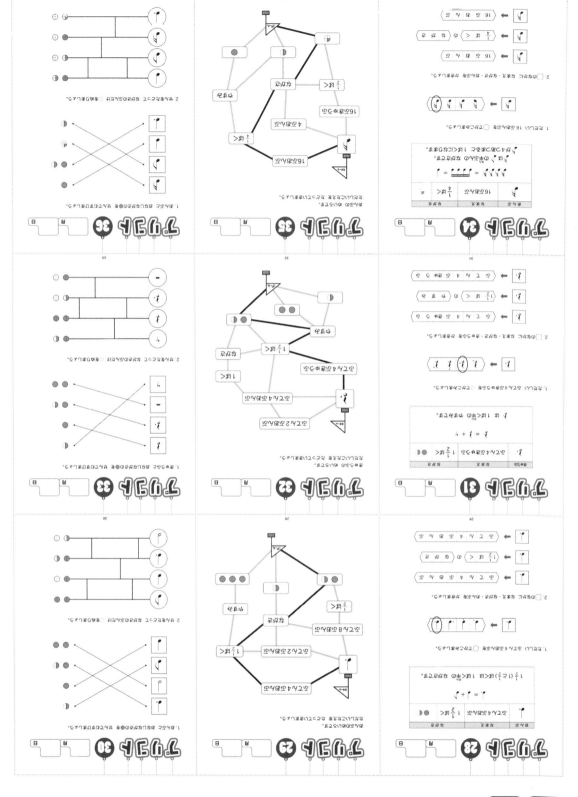

解答 プリント 37～45

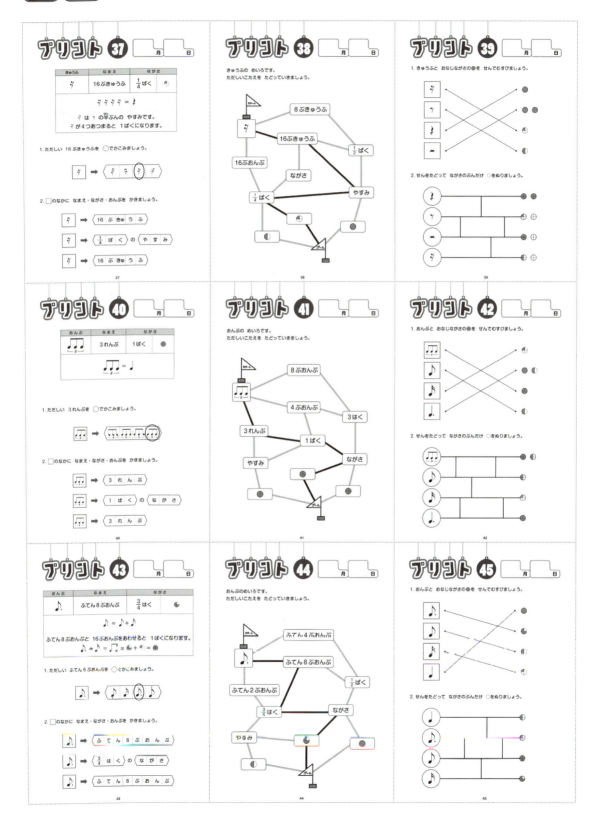

修 了 証

あなたは、

「毎日のプリント 著役とくほん 導入編」を

終わりまで〈勉強しました。

ここに、修了したことを証明いたします。

年　　　月　　　日

教育名 _____

指導者名 _____